그림이 시를 쓰다 6
그곳이 어디든

그곳이 어디든
이정옥 시집

초판 인쇄	2025년 4월 25일
초판 발행	2025년 4월 25일
지 은 이	이정옥
편 집 자	이미숙
펴 낸 곳	도서출판 북뜰
출판등록	제25100-2022-000092호
주　　소	경기도 파주시 운정4길 222-31. 1F
전　　화	1577-2935, (031) 942-1280
팩　　스	(0504) 360-6055
이 메 일	bookddle@naver.com

ISBN 979-11-980203-4-5
ⓒ Publisher Bookddle 2025 Printed in Republic of Korea
값 13,000원

* 이 책은 저작권법에 따라 보호를 받는 저작물로 무단전재와 복제를 금합니다.
* 이 책의 내용 또는 일부를 이용하려면 저작권자와 출판사의 동의를 받아야 합니다.
* 잘못된 책은 바꾸어 드립니다.

그림이 시를 쓰다 6

그곳이 어디든

이 정 옥 시집

인류의 심장인 청춘이여
하얀 너도바람꽃으로 춤을 추어요

북뜰

젊은이의 흉상 지오반니 지를라모 사볼도 1480-1548 이탈리아

| 序 詩 |

함께 떠나요

해안 절벽에 철썩이며
하얗게 부서지는 파도처럼
인생을 노래하고 싶었지요

신천지가 그리워 목이 타는 나는
웅장하게 모습을 드러낼
탐험선의 도착을 기다리고 있지요

바람개비 날리며 달리던 청춘이여
배가 떠났노라 서러워 말아요

넘어져도 일어서는 청춘이
세상을 춤추게 하지요

갈매기 돌아와 높이 날고
항구의 찻집이 새벽 일찍 문을 열면
기다리던 배가 도착하리니
그때 우리 함께 떠나요.

| 차 례 |

序詩 ; 함께 떠나요   05

1. 청춘만이랴

아름다운 소명召命   13
그대의 조언   15
그곳이 어디든   17
닫힌 문 앞에서   19
청춘만이랴   21
설득의 힘   23
찬란한 꽃밭   25
돌아보지 말아요   27
누구 인생인들   29
외로우세요   31
자연은 항상   33
아픈 청춘에게   35
우리 다시 모여   37
괜한 걱정   39
술 마시는 그대여   41

2. 이 별에서의 삶은

빨간 우편함	45
자기 자리	47
이 별에서의 삶은	49
선택의 길목에서	51
변주곡變奏曲 인생	53
하얀 꽃이 핀 나무	55
선차仙茶	57
오감五感의 축복	59
그냥 선걸음에	61
빨래터에서	63
존중이 피워올린 꽃	65
묻고 싶었느니	67
담금질	69
천리경을 준비했어요	71
겨울나무의 지혜	73

| 차 례 |

3. 경이로운 아름다움

부활을 열망하며	77
황홀한 축복 1	79
황홀한 축복 2	81
그분의 집 주소	83
기적의 꽃	85
경이로운 아름다움	87
그분이 누구시길래	89
경전輕典의 책갈피에서	91
청할 때는	93
수도승修道僧	95
달빛과 정화수	97
구원으로 가는 길	99
부탁드려요	101
그분이 머무실 곳은	103
구원자는 올까요?	105

4. 바람이 필요해요

할 수 있어요	109
누군가 먼저	111
씻김굿	113
잊지 말아요	115
어려운 숙제	117
바람이 필요해요	119
활화산으로	121
잘못된 해석	123
우울한 소식	125
멍에	127
문득 이런 물음이	129
무도회와 축복 이야기	131
여신女神이 사라졌어요	133
여의주를 찾아	135
마침표를 찍으며	136

어찌 청춘만이랴
세상의 풍요를 꿈꾸는 장년도
세상의 평화를 꿈꾸는 노년도

천사의 날개를 달고 날아올라
산정의 깃발이 되고 싶지요.

1
청춘만이랴

노랑 앨버트 무어 1841-1893 영국

공작과 있는 젊은 여인 에드몽 아망-장 1860-1935 프랑스, 1895

아름다운 소명召命

고대 왕족의 어여쁨을 독차지한
공작새가 펼치는 우아한 날개 춤이
오늘도 반전反轉의 아름다움으로
사람들의 시선을 사로잡지요

한 치 앞도 보이지 않는 동굴 안에서
입구를 알리는 빛이 보일 때의 감동
누구나 자기만의
극적인 반전 이야기를 지니고 있지요

이집트 신전의 부조 기법이든
나무나 돌에 파는 새김 기법이든
조각가의 열정으로 아로새기면
감동적인 한 편의 드라마가 되지요

그대의 반전 이야기에
지나던 길손이 발길을 멈추면
아름다운 공작의 날개 춤으로
그대 소명을 완수한 것이지요.

여인의 초상 암브로지오 알시아티 1878-1929 이탈리아, 1912

그대의 조언

바람이 모자를 가로채자
그대가 내 손을 잡고 말렸지요

이루지 못할 꿈에 발목이 잡히면
서낭당 고목에 걸린 헝겊처럼
주술呪術에 갇히게 되리라 했지요

사철 꽃이 피고 지는 세상이
땀 흘릴 청춘을 기다리느니
강물에 떠내려간 모자는 잊으라 했지요

친절한 조언이
눈바람 속에 홍매화를 피우고
감미로운 조언이
절망의 파도를 넘어서게 하지요

그대의 지혜로운 조언으로
외나무다리를 무사히 건너
그날 목적지에 도착했지요.

전원의 연인 에밀 레비 1826-1890 프랑스

그곳이 어디든

모래바람 몰아치는 광야에서든
겨울은 길고 여름은 짧은
북극의 눈보라 속에서든
청춘의 열정을 불태울 수 있다면
그곳이 어디든 무슨 문제가 되리요

백두대간 거친 바람을 이기고
보라색으로 피는 금강초롱꽃처럼
뜨거운 혁명의 깃발인 청춘이여

반달가슴곰의 멸종을 막으려
함백산 골짜기를 누비는 청춘이여

내일의 지구를 지키려
남극의 백야 속으로 떠나는 청춘이여

응달진 숲에서도 꽃을 피우는
인내와 희망의 상징인
하얀 너도바람꽃으로 춤을 추어요.

문 앞에서 찰스 실렘 리더데일 1831-1895 영국, 1876

닫힌 문 앞에서

문고리를 잡고 머뭇거리자
지나던 그대가 발길을 멈추고
안타까운 눈빛으로 말했지요

여닫이문 접이문 회전문
문은 수없이 많지만
스스로 열리는 문은 없다 했지요

어제는 바람이 드세게 불었고
오늘은 검은 비가 주룩주룩 내려도
내일은 해가 솟아오르리라 했지요

주저하는 사이 날이 저물고
은빛 손잡이가 구리색이 되리니
두려워 말고 문을 열라 했지요

세계는 바다보다 넓고 깊어
아름다운 산호초가 지천으로 묻혔느니
문을 열고 세상으로 나가라 했지요.

그래픽, 붉은 로베의 천사 애봇 핸더슨 세이어 1849-1921 미국

청춘만이랴

생명의 물을 줄기에 저장한
사막의 선사화仙砂花처럼 지혜로운
청춘은 인류의 희망이지요

청춘의 아름다움은
호수의 기쁨인 홍학의 춤이며
자유의 상징인 광장의 깃발이지요

알 수 없는 나라가 그리워
맨발로 선창船艙으로 달리는
청춘의 열정은
출발을 알리는 뱃고동 소리로
갈매기들을 춤추게 하지요

어찌 청춘만이랴
세상의 풍요를 꿈꾸는 장년도
세상의 평화를 꿈꾸는 노년도
천사의 날개를 달고 날아올라
산정의 깃발이 되고 싶지요.

결혼한 커플 앙리 마르탱 1860-1943 프랑스

설득의 힘

행복은 선택이 아니라 의무라며
나를 설득한 적이 있었지요
놀라지 말아요
자아의 성채는 너무나 견고하여
남을 설득하기보다 훨씬 어려웠지요

민족정신을 일깨운 한용운의 시처럼
설득은 잠든 영혼을 깨워
세상 변화에 앞장서게 하지요

설득은 묵은 매듭을 단숨에 풀며
전쟁의 총성을 멎게 할 수도 있지만

자기주장을 내려놓지 못한
어설픈 설득은
오히려 반감을 불러일으키리니
시도하지 않음만 못하지요

영혼을 부르는 항구의 기적소리처럼
부드럽고 조용한 선들바람처럼
낮은 목소리로 다가서야 하지요.

베를린 거리 풍경 레세르 우라이 1861-1931 독일, 1921

찬란한 꽃밭

초롱꽃은 불볕더위에도
싱그러운 미소로 여름을 찬미하고
봉숭아는 손톱에 꽃물을 들일
열아홉 소녀를 기다리며 익어가지요

야생화의 으뜸인 노루귀는
봄을 알리는 전령사로 아름답고
삼월 삼짇날 돌아온 제비는
흥부전 이야기를 되새기게 하지요

아기의 맑은 울음소리가
세상 근심 걱정을 사라지게 하고
활기찬 청춘의 반란이
역사의 수레바퀴를 돌아가게 하지요

석굴암 돌부처의 신비한 미소
하동 절집 녹차 볶는 스님의 손길
저마다 자기 자리를 지킬 때
세상이 찬란한 꽃밭이 되지요.

젊은 선원 헨리 스콧 터커 1858-1925 영국, 1919

돌아보지 말아요

떠나지 않으면 이룰 수 없는 꿈
꿈이 있는 청춘은 아름답지요

신세계를 향해 출발을 서두를 때
언덕에 올라 손을 흔드는
어머니를 돌아보는 순간
그대 꿈이

동구 앞 미루나무 높은 가지에 걸린
가오리연의 슬픔이 될 수도 있지요

감당할 수 없는 짐은 없다 했지요
때로는 이별이 두 세계의 영토에
푸른 숲을 우거지게 하지요

신세계를 꿈꾸며 떠날 때는
고향 집 용마루가 들썩이고
앞산 두견이 슬피 울어도
그대여 돌아보지 말아요.

화환을 만드는 여자와 아이 헨리 라일랜드 1856-1924 영국

누구 인생인들

종이꽃이 행복의 잣대로 우쭐대고
종이꽃이 명예의 깃발로 펄럭이니
종이꽃 세상이 되었지요

누구 인생인들
생명의 존귀함을 지키려 홀로 싸우다
지네강에 떨어져 죽은 후 환생한
문경 고모강에 서린
영웅의 전설이 될 수 없으랴

누구 인생인들
날이 밝기 전 동녘 하늘을 지키며
길 잃은 영혼을 선조에게 인도하는
샛별의 전설이 될 수 없으랴

아이야 이제 우리도
종이꽃 화환 만들기를 그만두고
잃은 향기를 되찾기 위해
생화의 삶으로 돌아가야 하리.

열린 문 페테르 빌헬름 일스테드 1861-1933 덴마크

외로우세요

이유 없이 슬픔이 밀려올 때는
길섶에 달맞이 꽃씨를 뿌려요

답이 없는 물음과 씨름하느라
잠을 이룰 수 없을 때는
먹을 곱게 갈아 난을 쳐요

봄날 흐드러진 산야의 꽃들은
눈바람을 이긴 꽃망울의 춤이지요.

어느 시인이 말했지요
─고독이 인생을 자유케 하리라

외로움은 결핍을 느낄 때의 고통이며
고독은 타인의 시선에 흔들리지 않는
품격 높은 삶을 뜻하지요

외로움이 고독의 경지에 이르면
그대 인생이
아름다운 한 폭의 그림이 되지요.

비둘기와 있는 이탈리아 소녀 라파엘로 소르비 1844-1931 이탈리아

자연은 항상

묵은 수첩을 정리하던 밤
어디선가 옮겨 적은 짧은 문장이
바쁜 손길을 멈추게 했지요

―하느님은 무조건 용서하시고
　사람은 가끔 용서하고
　자연은 절대로 용서하지 않는다

자연을 냉혹하다 말하지 말아요
바람도 기쁠 때는 풀잎을 춤추게 하고
다급하면 창을 흔들며 소리치지요

이름 모를 풀벌레의 푸덕거림과
돌담 위 푸른 이끼까지
저마다의 존재 이유로 빛나는 것을
둥지 잃은 산새를 거두며 알았지요

누군가의 명언을 다른 말로 표현하면
창조주는 무조건 만물을 축복하고
인간은 가끔 타인의 아픔을 이해하며
자연은 항상 정직하지요.

벤치에 앉아 야노스 토르냐이 1868-1936 헝가리, 1934

아픈 청춘에게

돌담 아래 금잔화 만발인 유월
백량금 붉은 열매를 꿈꾸며
기약도 없이 떠나기를 고집하면
축복의 손 흔들며 보내야 해요

사랑은 방파제에 철썩이는 파도처럼
밀려왔다 밀려가는 감정의 춤이지요
감정은 자유분방하여
세상 이치로는 다스릴 수 없지요

상실의 강이 아무리 깊어도
건널 수 없는 강은 없다 했지요
하나를 잃으면 다른 하나로 채워주는
우주의 신비를 믿어야 해요

달무리 수런거리고 찬 이슬 내려야
가을 열매가 붉게 익어가듯
인생이 향기로운 포도주로 익으려면
아픔의 강을 건너야 하지요.

씨 뿌리는 사람 앙리 마르탱 1860-1943 프랑스, 1900

우리 다시 모여

즐거움이 찻집에만 있으랴
은총이 성전에만 있으랴

덤불 속 찢기고 휘감겨도
상수리나무처럼 가지를 펼쳐
길 잃은 사슴의 초막으로 서면
보람으로 가슴이 뛰지요

꽃병을 빚으려 물레를 돌리면
이마에 땀방울이 맺히지요
성실한 노동이 창의력을 깊게 하고
정직한 노동이 품격을 높여주지요

닫힌 문 열리기를 기다리는 그대여
겨울잠에서 개구리 깨어나는 계절
우수와 춘분 사이 경칩이 되었느니

우리 다시 모여
절망의 땅에 희망의 씨를 뿌려요.

물 긷는 소년 폴 터너 사전트 1880-1946 미국, 1920

괜한 걱정

지난 세대는 촛불 아래서
책과 씨름하며 밤을 지새웠지요

오늘 세대는 스마트폰을 열고
정보에 열광하며 밤을 지새우지요

손바닥 크기의 핸드폰에는
온갖 정보가 흘러넘치지만
밤의 휴식과 여명의 환희
느림의 묘미와 손편지의 감동
많은 것을 포기해야 가질 수 있지요

정보의 우물에 익사한 청춘이
영혼까지 팔면 어쩌지?

인공지능 시대에 문맹자로 추락한
낙오자 주제에 괜한 걱정을 하지요.

압생트 마시는 술꾼 장 베로 1848-1935 프랑스, 1908

술 마시는 그대여

허공에 빈손 흔들며
갈지자로 걷지는 말아요

날개 잃은 천사처럼
전신주에 기대 잠들지는 말아요

왜 술을 마시는지 변명하지 말아요
삶이 고달픈 이가 그대만이랴

불만이 불행을 불러들이고
무료함이 우울을 불러들이느니
포도주의 달콤한 유혹에
내일을 맡기지는 말아요

술을 친구삼아 푸념을 거듭하다
비몽사몽 어느 새벽 눈을 뜨면
그대 인생이 낙서로 구겨져 있지요.

차별 없이 가슴에 품으라지만
고운 것만 모아
꽃밭 하나 만들어도
이 별에서의 삶은 아름다우리

세상 모두를 사랑하라지만
사랑하고 싶은 것만 사랑해도
이 별에서의 삶은 행복하리

2
이 별에서의 삶은

메리골드 앨버트 무어 1841-1893 영국

편지 읽는 여인 앙리 르롤 1848-1929 프랑스

빨간 우편함

숲이 구름을 그대라 부르면
구름이 풀숲에 이슬로 내려
마른 잎 적시는 감로수가 되지요

연잎이 바람을 그대라 부르면
호수에 잔물결 일으켜
수련의 새벽잠을 깨우지요

기다림의 노래가 하늘에 이르면
언 땅 녹이는 겨울비가 내리고
꽃망울 터뜨리는 남풍이 불지요

천 마리 종이학 접기가 끝날 무렵
그대의 빨간 우편함에
기다리던 소식이 도착하지요.

들꽃 꺾기 에두아르도 레온 가리도 1856-1906 스페인

자기 자리

꽃에게 물었지요
너의 아름다움은 어디서 오는 거니?

꽃이 속삭였지요
그냥 내 자리에 서 있을 뿐인데요

열일곱 소녀의 웃음이 아름다운 것은
갈매기의 비상飛翔이 아름다운 것은
언덕 위 낡은 종탑이 아름다운 것은
남의 자리를 탐하지 않아서라 했지요

시골 장날의 구수한 사투리
양 떼를 부르는 목동의 피리 소리
있어야 할 것이 제자리에 있으면
세상이 평화롭다 했지요

왕이든 농부든 과학이든 예술이든
자기 옷을 입고 자신에게 정직하면
세상이 살만한 곳이 된다 했지요.

황금 그릇 아스 프린스 스피어 1879-1959 미국, 1921

이 별에서의 삶은

차별 없이 가슴에 품으라지만
고운 것만 모아 꽃밭 하나 만들어도
이 별에서의 삶은 아름다우리

세상 모두를 사랑하라지만
사랑하고 싶은 것만 사랑하여도
이 별에서의 삶은 행복하리

한 포기 야생화로 태어나
농부의 딸로 지낸 날들 만족하지만
비 그친 하늘에 뜨는 무지개처럼
뜨거운 것이 가슴에 차오르지요

이 별에서 만난 좋은 것만 골라
하얀 백지 위에 밑그림을 그리고
곱게 색칠하는 일만으로도
하루해 짧아 숨이 차지요.

예스 아니면 노 윌리엄 헨리 마겟슨 1861-1940 영국

선택의 길목에서

편지를 쓰랴
전화를 하랴
머뭇거리는 사이에 날이 저물자
바람이 창을 흔들며 말했지요

한 잔으로 갈증을 풀지 못하면
열 잔을 마셔도 목이 타느니
세상을 탓하지 말라 했지요

화려한 마네킹 모습에 홀려
이것저것 주문한 것이 도착한 날
입어보고 신어보고 반품을 결정하며
후회한 적이 없었느냐 물었지요

활짝 핀 꽃은 금방 시들고
반짝이는 것은 가시를 품고 있느니

청빈淸貧의 고결함을 소중히 여기면
선택은 어려운 일이 아니라 했지요.

춤추는 한련 앙리 마티스 1869-1954 프랑스, 1912

변주곡變奏曲 인생

태초에는 그랬지요
오직 한 곡조 창조주가 작곡한
찬미 노래가 있었지요

언제부터였을까요
바닷길도 열고 사원도 세우고
그림도 그리고 시도 지으며
변주곡을 작곡하기 시작했지요

사람들이 새 곡조에 열광하자
왕조시대가 역사의 유물이 되고
백성의 시대가 문을 열었지만
졸부猝富 무리의 갑질이 무례하니
풀뿌리 시대가 오기나 하려는지요

그럼에도 우리는
개인이 존중받는 시대가 오리라 믿어
지난밤 누군가 작곡한 변주곡에 따라
오늘도 손을 잡고 춤을 추지요.

빈의 숲 아그네스 펠턴 1881-1961 독일 출신 미국 화가

하얀 꽃이 핀 나무

하얀 찔레꽃 향기를 따라
오월 숲으로 들어갔지요

이름도 정겨운
이팝나무 때죽나무 팥배나무
하얀 꽃을 피운 키 큰 나무들이
기다렸다는 듯 손을 흔들었지요

빨강 파랑 초록 그리고
세상 모든 색을 가슴에 품고도
아무것도 품지 않은 듯 소박한 미소로
하얀 꽃이 무리 지어 피어 있었지요

이 아름다운 신비의 하얀 색을
산속에 숨긴 이의 뜻이 궁금하여
걸음을 멈추고 묻는 순간

나도 태초의 하양으로 빛나는
숲속 한 그루 꽃나무가 되었지요.

정원에서 마시는 오후의 차 피터 필립 롬프 1821-1896 독일, 1871

선차 仙茶

창가에 앉아 혼자 차를 마시면
찻잔에서 피어오르는 향기가
어제의 앙금을 씻어내리지요

계곡을 건너온 범종 소리 들으며
혼자 뜰에 앉아 차를 마시면
누구의 내가 아니라 나의 내가 되지요

옛사람 말에, 여럿보다는 둘이
둘보다는 혼자 차를 마시노라면
인생은 왜 물처럼 흘러가야 하는지

노자 사상의 무위無爲에 이른다 하여
신선이 마시는 선차라 했다지요

달밤에 배를 띄우고
시조 한 대목 늘어지게 뽑았던
선비의 풍류에 이를 수는 없을까?

오늘도 혼자 차를 마시며
신선이 되는 꿈을 꾸지요.

장미의 혼 존 윌리엄 워터하우스 1849-1917 영국

오감五感의 축복

이른 아침 창을 열면
창밖 홍매화 가지가 팔을 흔들며
먼저 인사를 하지요
오늘은 바람이 부네요

한 뼘 크기의 청동 조각이
며칠 만에 돌아온 나를 반기지요
많이 기다렸어요

크고 작은 사물과 사건이
보고 듣고 느끼는 오감을 깨워
가슴 뛰는 삶을 살게 하지요

눈밭에 핀 노란 복수초를 보며
풀꽃의 생명력에 감동할 때의 떨림
오동잎에 내리는 가을 빗소리에
기다리던 소식이 올 것 같은 예감

직감이 모는 마차에 올라
희로애락을 느끼며 달리는 동안은
축복받은 삶이라 할 수 있지요.

빨간 파라솔의 여인 안탈 네오그라디 1861-1942 헝가리, 1935

그냥 선걸음에

내 미련을 눈치챈 자작나무 숲이
바람에 흔들리며 물었지요

너의 시詩가
목마른 이의 위로이기를 원하는가?
너의 삶 또한
쓸쓸한 이의 동행이기를 원하는가?

막차를 놓쳐 떠나지 못하는데
자작나무 숲이 재촉하네요

눈물로 꽃을 피울 수 있느니
소외된 이를 대변할 수 있느니
아닌 것은 아니라 말할 수 있느니

예술가 정신으로 할 수 있느니
묻지 말고 떠나라 하네요.
따지는 사이 낙엽의 계절이 오리니
그냥 선걸음에 떠나라 하네요.

강가에서 빨래하는 소녀 니카포로스 리트라스 1832-1904 그리스

빨래터에서

친구의 슬픔을 눈치채지 못한 일
하나를 주고 둘을 기다렸던 일
지하도 동냥꾼을 그냥 지나친 일

소맷단 찌든 때처럼 오래된
아쉽고 부끄럽고 아픈 기억들
강가 빨래터에 들고 와서
비비고 두들기고 헹구노라면
깨끗하게 지워지겠는지요

참회하는 심정으로 무릎 꿇어
헹구기를 거듭하면 남은 세월이
백사장 조약돌로 반짝이겠는지요

달밤에 더욱 하얗게 빛나는
오월 작약의 기쁨으로
아름답게 피어날 수 있겠는지요.

해변 산책 이반 이발손 1900-1939 스웨덴

존중이 피워올린 꽃

마주 보며 추는 춤이
축복받은 사랑인 줄 알았지요

마주 보면 멀리 볼 수 없는 것을
젊은 날에는 몰랐지요

같은 곳을 바라보며 걷노라면
쉽게 언덕을 오를 수 있는 것을
젊은 날에는 미처 몰랐지요

그대 꿈이 달빛으로 빛나야
내 꿈이 홍학의 춤이 되는 것을

그대 자유가 광장의 깃발로 펄럭여야
내 자유가 아름다운 시詩가 되는 것을

아낌없이 남김없이 주고 싶은 마음
존중이 피워올린 꽃이 사랑인 것을
젊은 날에는 몰랐지요.

책과 장미 에디스 프렐비츠 1864-1944 미국, 1896

묻고 싶었느니

중천中天에 뜬 보름달처럼
연당蓮堂을 붉게 물들이며
환하게 웃던 그대여

가을 햇살처럼 잔잔한 미소로
찻잔에 피어오르는
국화꽃 향기이던 그대여

인생은 짧고 예술은 길다 했느니
한사코 가고 싶어 한 그곳에서
그대의 삶이
빛나는 예술이 되었기를

언젠가는 묻고 싶었느니
그대가 꿈꾼 행복의 꽃길이
머나먼 그곳에만 있고
그때 왜 이곳에는 없었던 것일까?

수선화를 든 소녀 로라 먼츠 라이얼 1860-1930 캐나다, 1894

담금질

무작정 어딘가로 떠나고 싶어
비를 맞으며 항구로 달렸는데
배는 이미 떠나고
갈매기만 외로이 날고 있었지요

사원에 도착하려면
발이 부르트도록 걸어야 하고
밤나무가 열매를 맺으려면
벌에게 꽃가루를 허락해야 하는 것을

길 없는 숲을 지나야
삶의 지혜를 얻을 수 있으며
무너지고 부서지는 아픔이
인생을 성숙하게 하는 것을

담금질이 철을 단단하게 하듯
인생도 담금질을 거쳐 강해지는 것을
한 송이 꽃으로 피어나고 싶었던
그 시절에는 이해할 수 없었지요.

탐색 찰스 허먼스 1839-1924 벨기에

천리경을 준비했어요

낙동강 둑길에 벚꽃 만발하려나
고향 소식이 궁금한 순간
친구가 꽃소식을 보내왔지요

과학의 잣대로는 설명할 수 없는
이심전심以心傳心의 놀라움이 거듭되자
우주의 비밀이 궁금해 길을 떠났지요

우연의 일치인 이 현상에
동시성同時性이란 이름표를 달아준
심리학자 칼 융의 이론을
어깨에 은행잎이 떨어질 때 알았지요

우주가 전하는 세상 이치에
무심했던 지난날이 후회스러워
구름의 떨림까지 놓치지 않으려
천리경 하나 준비했어요.

눈속의 르 퓌 알베르 뒤부아 필레 1846-1890 프랑스, 1889

겨울나무의 지혜

묵은 잎 훌훌 벗어 던진
겨울나무 옆을 지나노라니
단아하고 청렴한
선비의 품격이 떠올랐지요

상처 입은 세월을 모두 지우고
빈 가지로 새날을 기다리는
겨울나무는 얼마나 지혜로운지요

가마의 열기가 식지 않은 작품을
망치로 부수는 도예가의 혜안으로
새것을 위해 헌것을 버리는
겨울나무의 지혜로움이
내 삶을 돌아보게 했지요

아름다운 것은 단순하지요
단순한 것이 삶을 자유롭게 하지요.

호수에 유유히 떠다니는
평화로운 한 쌍의 원앙새처럼

닮은 듯 다르고 다른 듯 비슷한
경이로운 아름다움을
수없이 빚으며
창조주의 가슴도 뜨거웠으리

3
경이로운 아름다움

황옥 앨버트 무어 1841-1893 영국

신념 조지 와츠 1817-1904 영국, 1896

부활을 열망하며

꽃은 열매를 위해
바람이 불기를 기다리고

열매는 영원을 위해
땅에 묻힐 날 기다리지요

죽기를 각오하면 살고
살기를 원하면 죽으리라 했거늘

부활의 지름길이 죽음인 것을
오랜 세월 잊고 지냈지요

노래가 고집하니 목이 잠기고
춤이 고집하니 발목이 저렸지요

죽기를 각오하니
닫힌 문 열리는 소리 들렸지요.

오월 동안 장미 꽃봉오리 모으기 존 윌리엄 워터하우스 1849-1917 영국, 1909

황홀한 축복 1

수평선을 향해 사라지는
돛단배 한 척의 아득한 아름다움
절집 댓돌에 가지런히 놓인
백고무신의 정결한 아름다움

아름다움에 눈시울이 젖는 순간
뜨거운 것이 가슴을 적시지요

자연의 아름다움은
높고 낮음을 차별하지 않지요

자연의 아름다움은
있고 없음을 구별하지 않지요

자연의 아름다움은
인생을 축제처럼 살라며 그분이 마련한
황홀한 축복이지요.

꽃 따기 다니엘 리지웨이 나이트 1838-1924 미국

황홀한 축복 2

둔덕에 늘어진 꽃이 손을 흔들면
노동의 고달픔을 잊게 되지요

오월 숲속의 뻐꾹새가 전하는
해당화 소식에 가슴이 설레면
고향 가는 기차에 오르지요

새해맞이 시드니의 불꽃놀이
영남루 달밤의 전설 미리벌 아랑제
풍년을 기원하며 추는 강강술래

축제가 삶을 감미롭게 하지요
축제가 외로운 영혼을 춤추게 하지요

들에 지천인 아름다움이
그대 이름을 부르며
인생을 축제처럼 살라 하지요.

가을 들녘의 화가 가족 오토 모더존 1865-1943 독일, 1902

그분의 집 주소

하나의 색깔로는 표현할 수 없는
색깔의 향연인 가을날

하나의 감성으로는 표현할 수 없는
감성의 축제인 가을날

들에 펼쳐진 눈부신 황금빛에 놀라
높은 하늘의 구름도 쉬어가느니
서둘지 말고 쉬어가라며
풀꽃이 옷자락을 흔들었지요

색칠을 끝내고 떠나는
그분이 가시는 곳이 어딘지 궁금하여
걸음을 멈추고 물었지요

시간과 공간을 초월하신 분
그분의 집 주소는 영원이라 했지요.

아름다운 옆얼굴 찰스 커트니 커란 1861-1942 미국, 1913

기적의 꽃

의인 한 사람의 뜨거운 눈물이
민족의 잘못을 갚는다 했지요

오늘도 뜨거운 가슴으로 기도하며
의인을 기다리고 있지요

'글쎄' 하며 기도를 의심하지 말아요
저곳의 절절한 기도가 바다를 건너
이곳 병실에 도착하면
말을 잃었던 아이가 엄마를 부르지요

'글쎄' 하며 기도를 얕보지 말아요
이곳의 뜨거운 기도가 언덕을 넘어
저곳 광장에 도착하면
눈물에 젖은 깃발이 다시 펄럭이지요

기도는 어둠을 사르는 촛불의 춤이며
영혼의 아픔을 치유하는
아름다운 기적의 꽃이지요.

자매 줄리안 올덴 위어 1852-1919 미국

경이로운 아름다움

고색창연한 대웅전 용마루에 핀
풀꽃 한 송이의 아름다움에
발길을 멈춘 적이 있었지요

한밤 괘종시계의 둔중한 울림에
하이든의 현악사중주 '황제'가 떠올라
음악이 없었다면 세상이 얼마나
단조롭고 적막했으랴 싶었지요

호수에 유유히 떠다니는
평화로운 한 쌍의 원앙새처럼
닮은 듯 다르고 다른 듯 비슷한
경이로운 아름다움을 수없이 빚으며
창조주의 가슴도 뜨거웠겠지요

동산을 버려둔 채 떠날 수 없어
선한 영혼들 깨어나 가꾸게 하자며
아름다운 꽃씨를 아낌없이 뿌린 후
계절에 당부하고 떠나셨겠지요.

예수 유혹 칼 하인리히 블로흐 1834-1890 덴마크

그분이 누구시길래

달력의 마지막 장을 넘기며
인류를 서기西紀의 광장으로 초대한
그분이 누구신지 궁금했지요

사십일 간의 금식기도를 끝낸 광야에
기다렸다는 듯 사탄이 나타났지요
집요한 사탄의 온갖 유혹을
말씀 하나로 모두 물리친
그분 소식에 놀란 왕들이
자기 나라 연호年號를 버리고
서기의 깃발 아래 모인 것이지요

우리가 삼위일체를 이해하지 못해도
사이비 교주가 나타나 자기가 신이라 해도
더러는 하느님 아들이 아니라 우겨도
그분은 상관하지 않으시지요

떨어지는 꽃잎 하나까지도
창조주의 계획 안에 있음을 알리려
오늘도 오대양 육대주를 누비며
너 자신이 신神이 되라 이르시지요.

도서관에서 요한 함자 1850-1927 독일

경전輕典의 책갈피에서

나는 어디서 온 누구인가?
삶은 그 답을 찾아 떠나는 순례이지요

황홀하면서도 경이로운 동굴
그곳에 도착해 신神을 만나지 못하면
길 잃은 나그네의 삶이 계속되지요

아름다움의 대명사인 꽃의 신
시간의 메신저인 바람의 신
모든 사물은 자기의 신을 가졌노라는
우파니샤드의 서사시를 비롯해

그곳에는 삼천세계를 넘나들며 기록한
수많은 경전이 쌓여 있지요

어느 경전의 책갈피를 넘기다
놀라운 문장 아래 밑줄을 긋는 순간
그대는 그대의 신을 만나게 되지요
나는 나의 신을 만나게 되지요.

브르타뉴 해변 라조스 쿤피 1869-1962 헝가리, 1898

청할 때는

세상살이는 산굽이 물굽이
길은 낯설고 아득하니
그분께 청할 일이 왜 없겠는지요

아무리 힘들고 애통해도
가슴을 치며 울지는 말라 했지요

사원에서든 서낭당 언덕에서든
그분께 길을 물을 때는
말없이 귀를 기울이라 했지요

그분은 유백색 월하향月下香 향기로
귀밑머리 스치며 지나가기도 하고
실바람의 속삭임으로 다가오기도 하지요

때로는 친구가 툭 던진 한마디에
때로는 우편함에 도착한 엽서 한 줄에
그대가 찾던 답이 숨어있으리니
그분의 깊은 뜻을 헤아리라 했지요.

그란데 수도회 신부 카지미에르 스타브로스키 1869-1929 폴란드

수도승修道僧

아픈 이의 머리 위에 손을 얹고
뜨겁게 기도하는 사람

갇힌 이의 올무를 풀기 위해
사막을 가로질러 달리는 사람

외딴집 처마 끝에 길게 늘어선
칼바람을 품은 고드름을 녹이려
겨울비로 내리는 사람

하루 일이 끝난 후 침묵 가운데
하느님 말씀에 귀 기울이는 사람

육중한 기적의 문을 여는
열쇠를 맡은 사람

청빈과 순결과 순명順命을 지키려
갈색 수단修端 한 벌로 지내며
세상 유혹으로부터 자유로운 사람.

기다리다 아우구스트 빌헬름 하보그 1852-1925 스웨덴

달빛과 정화수

도시를 꿈꾸는 소녀는
간이역에서 첫차를 기다리고
석양 무렵 장마당 칠순 노파는
떨이 손님을 기다리지요

갈참나무는 꽃이 피기를 기다리고
다람쥐 가족은 나무를 타며
열매 익는 시월을 기다리지요

씨줄 날줄에 희망을 새겨
노동요 가락으로 구성지게 부르는
기다림은 여인의 베틀노래이지요

인내의 꽃인 기다림
그리움의 노래인 기다림
마을 사람들의 기다림을 높이 쌓아
정월 대보름 날 달집을 태우면
중천을 지나던 휘영청 밝은 달이
장독대 위 정화수에 내려 쉬어가지요.

스페인 계단, 로마 프레데릭 하삼 1859-1935 미국, 1897

구원으로 가는 길

성전 계단을 오르며 그대가 말했지요
구원은 저세상에 가져갈 성적표가 아니라
여기서 풀어야 할 매듭이라 했지요

폭우에 산이 무너지는 한밤에
옆집 문을 두드리며 피하라 외칠 때

궂은 비 내리는 날 외로운 길손에게
따뜻한 차 한 잔을 건넬 때

크고 작은 선善을 행하는 순간
사는 동안 알게 모르게 쌓인 잘못이
지우개로 지우듯 하나씩 지워지니
그 순간 영혼이 구원된다 했지요

치열하게 자신을 용서해야 하는지라
구원은 말처럼 쉬운 일이 아니었지요

가벼운 차림이면 쉽게 오를 수 있지만
무겁게 껴안은 이는 미리 포기하니
가깝고도 먼 길이라 했지요.

크리스마스, 미사에서 돌아가는 길 조지 헨리 보턴 1833-1905 미국

부탁드려요

외래어 간판이 춤을 추는
도시의 크리스마스는
징글벨 소리로 요란하겠지요

광장에서 외로이 밤을 지키는
전나무 트리의 방울 종이 되려
그분이 도시에 머무시겠는지요.

산타 할아버지 부탁드려요
도시에서 길 잃은 그분을 모시고
산마을 어린이집으로 오셔요

오늘 밤 산타 할아버지의 방문이
누군가를 기다리는 이곳 아이들에게
오래 기억하고 싶은 추억이 되어
풋풋한 청년으로 자라게 하리니
오시는 길을 달빛에 물으셔요.

크리스마스 점치기 미콜라 피모넨코 1862-1912 우크라이나, 1888

그분이 머무실 곳은

외로운 이들을 위로하시느라
막차 시간을 놓치신 그분이
하룻밤 머물 곳을 찾으신다면
그곳이 어디이겠는지요

술잔 부딪치는 소리 요란한
고층 아파트 거실이겠는지요
달빛을 향해 삽사리 짖어대는
어촌의 오두막이겠는지요

마작 패 굴리는 소리로 떠들썩한
지주의 사랑방이겠는지요
아이들이 깨어 기다리는
촛불 가물거리는 토담집이겠는지요

육중한 철문이 굳게 닫힌
불 꺼진 도시의 성전이겠는지요
낭랑하고 맑은 기도 소리 들리는
낡은 수도원의 경당經堂이겠는지요.

교회의 어머니와 아이들 테레즈 슈왈츠 1851-1918 네덜란드

구원자는 올까요?

세관원이 몰려다니며
빈들의 이삭마저 쓸어갔지요
오죽하면 돌무화과나무를 가꾸던
농부 아모스가 갈대 샌들을 신고
한달음에 북이스라엘로 달려와
말몰이 채찍을 휘둘렀겠는지요

이 시대 아모스를 만나야 한다며
떠난 후 소식 없는 그를
아이들과 함께 기다리고 있지요

어른들이 청춘의 등 뒤에 숨어
세상을 아수라로 만들고 있느니
저들 광란의 춤을 멈추게 할
우리 시대 아모스를 만났기를

아이들이 지쳐 쓰러지기 전에
아버지로 돌아오기를
가슴을 쓸어내리며 기다리고 있지요.

모든 예술작품은
바람 부는 날 언덕을 넘어
산정에 깃발을 꽂은 사람들의
가슴 저린 바람의 이야기를
그림으로 소설로 기록한 것이지요

양평 산정리 용문사 은행나무는
천년 세월을 나이테에 새긴
바람의 노래이지요.

4
바람이 필요해요

독서 앨버트 무어 1841-1893 영국

두 하양 어니스트 비엘러 1863-1948 스위스, 1898

할 수 있어요

그대와 내가 만나 우리가 되면
길 없는 숲에 오솔길이 생기고
어두운 골목에 수은등이 빛나지요

우리가 함께 배를 띄우면
노 젓는 소리에 구름이 흩어지고
등대의 불빛이 나타나지요

우리가 함께 깃발을 들면
백 년 동안 침묵한 숲이 흔들리고
백학이 날아오르지요

우리는 할 수 있어요
아름답게 피는 나팔꽃처럼
새벽을 깨우는 합창이 될 수 있어요.

등불을 든 소녀 에밀 린드그렌 1866-1940 스웨덴

누군가 먼저

그대 목마름을 아파하며
새벽안개 헤치고 내가 달리면
구름이 감동하여 비를 내리지요

추수철에 태풍이 몰려올 때
내 다급함을 알고 그대가
돌개바람처럼 언덕을 넘으면
찬 서리 먼저 알고 흩어지지요

누군가 먼저 꽹과리를 치면
액운을 쫓고 풍년을 기원하는
마을의 지신밟기가 시작되지요

삼복에 백일을 피는 배롱나무꽃처럼
누군가 먼저 등불을 들면
어둠이 숲으로 숨어들고
마을을 뒤덮은 안개가 걷히지요.

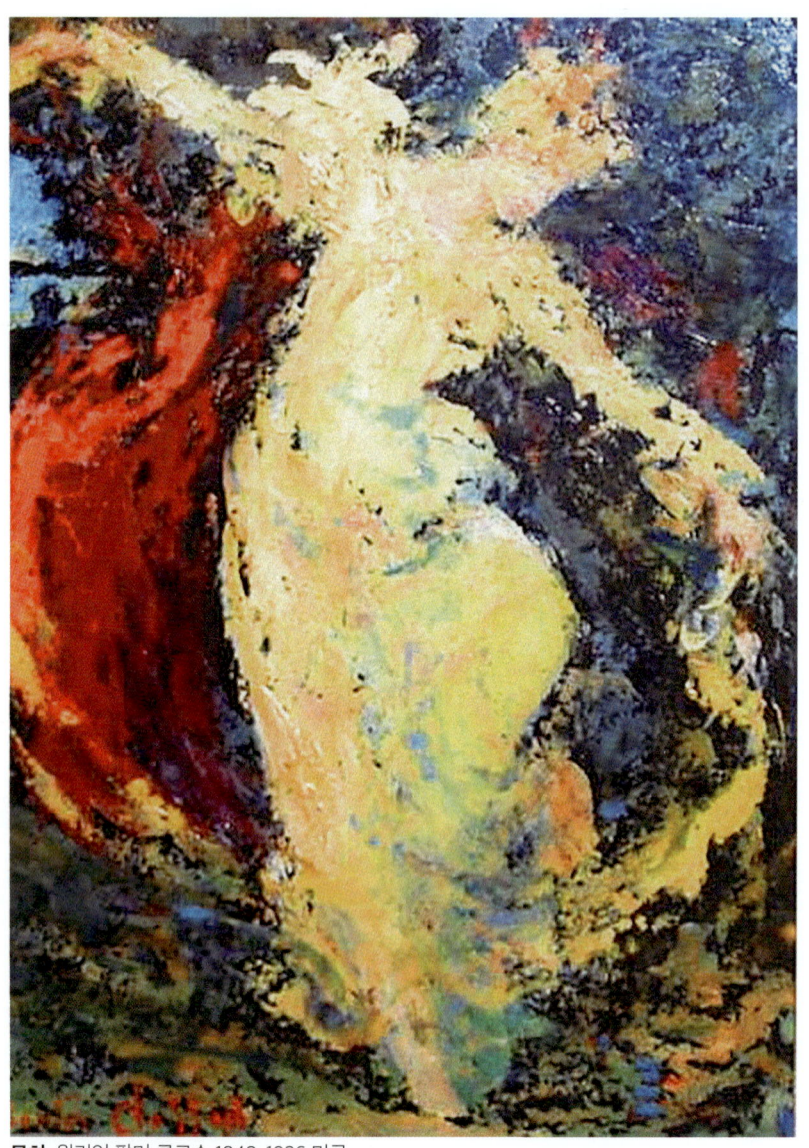

무희 윌리엄 팔머 클로슨 1848-1926 미국

씻김굿

친구 어머니의 명복을 비는
씻김굿 뒷줄에서 혼잣말로 물었지요
빈손으로 떠나는 영혼에게
원한이 남아 있을 리 없지 않은가?

씻김굿은 어쩌면
상처가 깊어 밤마다 선잠에서 깨는
우리게 필요한 것이 아닐는지요

황토 빛 밀물이 백사장을 넘나들어
창창하던 청춘의 꿈이
무너진 돌담에 깔린 슬픔이 되었지요

드센 바람에 날개 꺾인 물새처럼
울지도 못한 채 세월이 흘러갔지요

씻김굿은 마을 저잣거리로 내려가
아물지 않은 그 시절 아픔을 씻는
한바탕 바라춤이 되어야 하리.

기수旗手 사이먼 홀로시 1857-1918 헝가리

잊지 말아요

한 사람이 부는 기상나팔이
수천 마리 잠든 애벌레를 깨워
나비의 춤이 되게 한다지요

태풍을 품은 한 사람의 열정이
쓰러진 풀잎들 일으켜 세워
자유의 함성이 되게 한다지요

천년 고찰 대웅전에 걸린
녹슨 풍경을 다시 울게 하려 한
하얀 바람이던 그대여

형벌처럼 해마다 반복되는
낙동강 녹조의 원인을 밝히려 한
푸른 광풍이던 그대여

우리의 가슴을 뜨겁게 하여
깃발을 들게 한 그대여

타는 가슴으로 언덕에 오른
우리의 기다림을 잊지 말아요.

독일 침공 전의 벨기에 프랑스 영국 기욤 세냑 1870-1924 프랑스, 1914

어려운 숙제

소꿉친구에게 조타실을 맡겼는데
배가 산으로 올라간 적이 있었지요

신천지를 찾아 함께 노를 저었는데
태풍을 만나 배가 동강 나자
혼자 구명정에 올라 떠나는 모습에
저토록 인간을 망가지게 하는 것이
두려움만은 아니라는 생각에 슬펐지요

그대의 약속도 변하고
나의 계획도 수정해야 했느니

서리 내리는 늦가을 깊은 밤
길을 떠나는 혁명가의 결의로
언제나 혼자 결단해야 하지만

그럼에도 누구와 손을 잡느냐가
인생에 주어진 숙제이지요.

바람 부는 날 언덕을 넘는 사람들 프레데릭 퍼스먼 1874-1943 미국

바람이 필요해요

오월 바람에 모란이 지고
언덕의 풀잎들 바람에 누워도
슬퍼하지 말아요

머루 다래 곱게 익으려면
바람이 숲을 흔들어야 하지요

나뭇잎 흔들고 지나가는 바람으로는
인생을 다시 태어나게 할 수 없지요

모든 예술작품은
바람 부는 날 언덕을 넘어
산정에 깃발을 꽂은 사람들의
가슴 저린 바람의 이야기를
그림으로 소설로 기록한 것이지요

양평 산정리 용문사 은행나무는
천년 세월을 나이테에 새긴
바람의 노래이지요.

베스비오, 화산 분출을 구경하는 사람들 피에르 볼레르 1729-1802 프랑스, 1771

활화산 活火山 으로

법전法典과 저울을 양손에 든
정의의 여신을 지하에 감금한 무리가
광장에 모여 작당 중이지요

저들이 청춘의 출항을 막으려
항구에 검문소를 세우려 하니
우리가 달려가 막아야 해요

저들이 바다에 저인망을 던져
모두 쓸어 담으려 하니
서둘러 어시장 문을 닫아야 해요

18세기 영국의 정치가였던
에드먼드 버크가 말했지요
―정의로운 사람들이 행동하지 않으면
　악이 번성한다

우리가 활화산으로 타올라
손발이 묶인 채 지하에서 기절한
정의의 여신을 구출해야 해요.

밀짚모자를 쓴 여인 찰스 커트니 커란 1861-1942 미국

잘못된 해석

이른 아침 혼자 동산에 올랐지요
한 폭의 그림처럼 펼쳐진
마을 풍경을 바라보노라니
불현듯 묵은 아픔이 떠올랐지요

사랑을 희생으로 기억하는 그대에게
지난날 기쁨의 순간
베푼 것 이상으로 이미 받았느니
투덜대면 삼류인생이라 말하지 못한 일

후배의 정의로운 제안을
배신이라 질책하는 선배의 손을 잡고
그대가 배신자라 말하지 못한 일

배신과 희생에 대한 오해만이라
지금도 저 마을에는
잘못된 해석이 뒤엉켜 혼란스럽지요

혼자 산에 올라 마을을 바라보니
해야 할 말과 하지 말아야 할 말이
선명하게 떠올라 부끄러웠지요.

세 모습 카지미러 말레비치 1878-1935 러시아, 1928

우울한 소식

지름길을 찾아 떠나려는 그녀에게
바른길이 빠른 길이라 말했지만
그녀는 끝내 떠나고
나는 고향으로 돌아와
달빛 아래서 시를 쓰기 시작했지요

정상 턱밑까지 오른 그녀가
낭떠러지 아래로 추락한 사건이
언론들의 잡기식雜技式 보도에 실려
이곳 산마을에 도착한 날

그때 말리지 못한 자책감에
잠을 이루지 못했지요

혁명의 깃발이 되자며 함께
최루탄 연기 속을 달린 적이 있었지요
지금도 그 시절을 생각하면
뜨거운 것이 가슴을 타고 흐르지요

그녀 소식이 이토록 슬픈 것은
세월 탓만은 아니겠지요.

과일 바구니를 인 소녀 프레더릭 레이턴 1830-1896 영국

멍에

서리꽃 하얗게 핀 산길로 가랴
풍랑을 품은 뱃길로 가랴
선택의 갈등을
우리게 맡기신 이여

오작교 위 뜨거운 만남이랴
뉘엿뉘엿 저물녘 슬픈 이별이랴
선택의 난감함을
우리게 맡기신 이여

예측할 길 없는 우리의 미래
당신 등 뒤에 감춘 채
너희가 그토록 원한 자유이니
너희가 책임지라 이르시니

당신이 주신 자유
멍에가 되었나이다.

꽃 파는 소녀 조지프 베일 1862-1921 프랑스

문득 이런 물음이

청초하고 잔잔하던 꽃집 소녀가
황급히 서울로 떠났다는 소식에
불길한 예감을 감출 수가 없었지요

뱃머리에 그물을 던져둔 채
경마장으로 달려간 오라버니가
응급실로 실려 간 것일까

꽃가위 던지고 사라진 여동생에게서
다급하게 기별이 온 것일까

초조하게 소식을 기다리는데
문득 이런 물음이 떠올랐지요

넘어져도 일어서는 이가 있고
기웃거리다 길을 잃는 이도 있느니
모든 불행이 세상 탓일까?

땀 흘려 모은 개미의 겨울 양식을
베짱이와 나누라 윽박지르면
정의로운 지도자일까?

무도회 후의 여인들 알프레드 스테방스 1823-1906 벨기에

무도회와 축복 이야기

축복은 예고 없이 찾아오지요
발소리를 죽인 채 조용히 다가와
창밖에서 귀를 기울이지요

축복은 오래 머물지 않지요
무도회가 끝나기를 기다리다
시계 초침이 자정子正을 알리면
서둘러 발길을 돌리지요

축복은 자애롭고 다정하지만
공의롭고 단호하고 가차假借 없지요

무도회의 즐거움은 기껏해야
하룻밤 춤으로 끝나는 것을
우리는 왜 기억하지 못할까요

무도회가 끝나고 새벽이 오면
뜰에는 스산한 바람이 일고
가로등은 궂은비에 젖어 있지요.

횃불과 불타는 심장을 가진 여인 닐슨 다르델 1888-1943 스웨덴, 1931

여신女神이 사라졌어요

그리스의 여신 아프로디테가
횃불을 높이 들어 축복하자
사랑의 향기로 세상이 빛났지요

대지의 여신 가이아Gaia가
씨앗을 뿌리며 축복하자
오곡백과로 세상이 풍요로웠지요

자동차 경적에 놀라 여신들이 떠나자
산이 흔들리고 바다가 넘쳤지요

그리운 것이 가이아의 신화만이랴
겨울 바다의 풍랑을 다스린 후
농어촌을 축복한 영등할머니가
음력 이월 스무날 하늘로 오를 때

용마루에 삼색기를 꽂고 배웅한
남해안의 흥겨운 풍어제였던
영등할머니의 설화도 그립지요.

나무들이 경계를 이룬 샛길 빈센트 반 고흐 1853-1890 네덜란드

여의주如意珠를 찾아

가는 길만 있고 돌아오는 길이 없는
인생은 여의주를 찾아 떠나는
외길 순례이지요

여의주는 무엇인가?
사랑인가 명예인가 자유인가?

불교에서는 원하는 바를 이뤄주는
신비한 힘을 지닌 보석이라 하고
심리학자 칼 융은
자기 개성화의 완성을 상징한다 했지요

기묘한 보석이든 개성화의 완성이든
여의주를 얻는 일은 용과의 싸움이라
만만하게 생각한 것이 실수였지요

관습의 눈치를 보며 숨죽여 온 내게는
나 자신과의 싸움이라 힘들었지요

지옥의 두려움에서 벗어나야 했으며
천국에의 꿈도 포기해야 했지요.

범선이 있는 만의 풍경 앙리 모레 1856-1913 프랑스

▎마침표를 찍으며

구도와 색채에 대해서 아는 것이 없지요.
그러니 그림에 대해서는 묻지 마셔요.
그냥 물감 냄새가 좋아 그림의 바다에 그물을 던지곤 했지요.
풍랑에 배가 뒤집혀 애써 건진 그림을 모두 잃은 적도 있지요.
몇 번의 시행착오를 거쳐 여기까지 왔지요.
꽃만을 그린 화가도 만나고 바다만을 그린 화가도 만났지요.
그림을 만난 건 제 인생에서 가장 큰 행운이었지요.
화가들이 기꺼이 허락해 이 시집이 태어나기에 이르렀지요.

2025년 4월 용인 성지골에서